BEI GRIN MACHT SICH IHR WISSEN BEZAHLT

AF136926

- Wir veröffentlichen Ihre Hausarbeit,
  Bachelor- und Masterarbeit

- Ihr eigenes eBook und Buch -
  weltweit in allen wichtigen Shops

- Verdienen Sie an jedem Verkauf

Jetzt bei www.GRIN.com hochladen und kostenlos publizieren

Trainingsplanung für das Krafttraining einer Person mit minimaler Erfahrung über einen längeren Zeitraum

Carolin Hoffmann

Bibliografische Information der Deutschen Nationalbibliothek:

Die Deutsche Nationalbibliothek verzeichnet diese Publikation in der Deutschen Nationalbibliografie; detaillierte bibliografische Daten sind im Internet über http://dnb.d-nb.de abrufbar.

ISBN: 9783346869388
Dieses Buch ist auch als E-Book erhältlich.

© GRIN Publishing GmbH
Trappentreustraße 1
80339 München

Druck und Bindung: Books on Demand GmbH, Norderstedt Germany
Gedruckt auf säurefreiem Papier aus verantwortungsvollen Quellen

Das Buch bei GRIN: https://www.grin.com/document/1352502

Deutsche Hochschule für
Prävention und Gesundheitsmanagement
Hermann-Neuberger-Sportschule 3
66123 Saarbrücken

Name, Vorname	Hoffmann, Carolin
Studiengang	Gesundheitsmanagement
Studienmodul	Trainingslehre 1
Datum Präsenzphase (siehe Ergebnisdokumentation)	27.02.2023-02.03.2023
Aufgabe	Erstellen Sie für eine Person mit minimaler Krafttrainingserfahrung eine Trainingsplanung für das Krafttraining über einen Zeitraum von mindestens sechs Monaten.

Inhaltsverzeichnis

1 Trainingsplanung für meine Person

1.1 Diagnose

Tabelle 1: Allgemeine Daten zur Person (eigene Darstellung)

Allgemeine Daten:	- Alter: 32 Jahre - Geschlecht: weiblich - Größe: 1,63 cm - Gewicht: 65 Kg - Beruf: Verwaltungsfachangestellte
Frühere Aktivitäten:	- Kind bis Jugendalter (6-17 Jahre): 3 mal die Woche turnen (Schwerpunkt: Bodenturnen) - 18-21 Jahre; regelmäßiges Krafttraining im Fitnessstudio
Aktuelle Aktivitäten:	- Unregelmäßiges wandern und schwimmen in der Freizeit - Leistungsstufe Beginner
Gesundheitszustand:	- Rückenprobleme, vor allem im Lendenwirbelsäulenbereich - Kein diagnostizierter Bandscheibenvorfall ö.Ä. - orthopädisch alles in Ordnung - Keine Medikamenten Einnahme - Keine Kontraindikation außer der schmerzen im LWS-Bereichen
Trainingsmotive:	- Rückenschmerzen im LWS-Bereich lindern - Allgemeine Fitness verbessern - Definierter Aussehen – Körperfett verlieren und Muskelmasse aufbauen
Zeitlicher Verfügungsrahmen:	- 2-3 mal wöchentlich, circa 60 min

Tabelle 2: Biometrische Daten (eigene Darstellung)

BMI:	Ist: 24,5 Normbereich: 18,5 – 24,9	Bewertung: liegt im oberen Normbereich
Ruhepuls:	Ist: 66 Normbereich: 60 - 80	Bewertung: liegt im Normbereich
Blutdruck:	Ist: 126/83 mmHg Normbereich: 120/80 mmHg	Bewertung: +6 systolisch +3 diastolisch

Bewertung:

Meine Person ist in der Leistungsstufe Beginner zu verordnen, da ein untrainertes Fitnesslevel vorliegt. Sie hat zwar aktives turnen über ihr gesamtes Kindes- und Jugendalter betrieben, allerdings ist dies nun schon 15 Jahre vorüber. Daher sehnt sich meine Person zu ihrem sitzenden Büroalltag nach einem aktiven Ausgleich. Seit der Turnvergangenheit klagt meine Person immer wieder über Rückenschmerzen im Lendenwirbelsäulenbereich. Zum einen bedingt durch das harte aufkommen auf den Bodenmatten beim Turnen und nun durch das lange Sitzen bei der Arbeit. Aus

Orthopädischer Sicht konnte keine Diagnose festgestellt werden. Aus internistischer Sicht liegt ebenfalls nichts vor.Der BMI ist mit 24,5 eher im oberen Normalbereich zu verordnen. Der Ruhepuls sowie der Blutdruck liegen im Normalbereich, wie der Blutdruckklassifikationstabelle weiter unten (siehe Tabelle 3), entnommen werden kann.

Tabelle 3: Blutdruckklassifikation der American Heart Assoziation (modifiziert nach Mancia et al., 2013, S. 1286)

Bewertungsstufen	Systolischer Blutdruck	Diastolischer Blutdruck
	Normalblutdruck (Normotonie)	
Optimal	Unter 120 mmHg	Unter 80 mmHg
Normal	Unter 130 mmHg	Unter 85 mmHg
Hochnormal	130 – 139 mmHg	85-89 mmHg
	Bluthochdruck (arterielle Hypertonie)	
Stufe 1	140 – 159 mmHg	90 – 99 mmHg
Stufe 2	160 – 179 mmHg	100-109 mmHg
Stufe 3	>180 mmHg	>110 mmHg

Bewertung der Belastbarkeit/Trainierbarkeit der Person:

Meine Person ist voll belastbar, bis auf die Kontraindikation der Schmerzen im Lendenwirbelbereichs. Da keine orthopädische Diagnose vorliegt, muss man besonders Acht geben, da die Schmerzen aus unterschiedlichen Bewegungsformen heraus, auftreten können. Deshalb wird bei der Trainingsplanerstellung darauf geachtet, dass der Lendenwirbelbereich so gut es geht geschont wird und keine Rumpfrotation stattfindet..

1.2 Krafttestung

Besonders für wenig krafttrainingserfahrene Personen finden sich kaum sinnvolle Anhaltspunkte, um das 1-RM praktikabel und zuverlässig zu bestimmen.

Ebenso kritisch ist die Durchführung eines 1-RM-Tests mit Trainingsbeginnern aufgrund der hohen mechanischen und psychischen Belastung (Verletzungsgefahr, Gefahr der Demotivation). Somit ist ein 1-RM-Test für einen großen Teil der fitness- und gesundheitsorientierten Kraftsportler nicht geeignet. Aus einem 1-RM-Test würden zu hohe mechanische Belastungen auf das Bewegungssystem resultieren. Deshalb habe ich mich bei der Krafttestung für den Mehrwiederholungskrafttest, auch „X-RM-Test" genannt, entschieden. Diese Art von Krafttestung ist vor allem für Trainingsbeginner geeignet. Einige Experten wie Marschall & Fröhlich (1999b, S. 311) sprechen sich dafür aus, zur Bestimmung von submaximalen Trainingsintensitäten nicht die Maximalkraft, sondern „die mit einer bestimmten Wiederholungszahl erreichte Beanspruchbarkeit der

Muskulatur als Grundlage für die Belastungsdosierung zu wählen, was für diese Art der Krafttestung spricht. Ziel ist somit die Ermittlung des maximal bewältigbaren Gewichtes für eine vorher definierte Wiederholungszahl (Strack & Eifler, 2005b). Zwar ist die X-RM-Testung einfacher durchzuführen als die 1-RM-Testung, allerdings ist diese für Krafttrainingsbeginner, wie bereits erwähnt, nicht die optimale Krafttestungsmethode. Da meine Person aber bereits 3 jährige Krafttraininsgerfahrung besitzt (siehe Tabelle 1) und somit die Grundlagen des Krafttainings und die damit verbundene Bewegungskoordination kein Fremdwort ist, halte ich diese Methode trotzdem für sinnvoll.

1.2.1   Testablauf

Bevor meine Person mit der Krafttestung beginnt, wird ihr die Übung ausführlich erklärt und dargestellt. Ebenfalls wird ihr erklärt, dass die Testsätze in einem bestimmten Tempo ausgeführt werden sollen. Hierbei spricht man über die sogenannte „Time under Tension", welche als Richtwert auf 2/0/2 festgelegt wird (Böttger, 2021, Kap. 1.2.1)

Die Person wird also 2 Sekunden eine exzentrische Bewegung ausführen, keine Sekunde statisch halten, sondern direkt 2 Sekunden eine konzentrische Bewegung ausführen (Eifler, 2013, S. 55).

Bei der Bewegungsausführung ist darauf zu achten, dass diese technisch korrekt, kontinuierlich und ruhig, mit einer regelmäßigen Atmung praktiziert wird (Modifiziert nach Behrens et al., 2002, S.47).

Nach Festlegung der Kriterien, beginnt man mit dem allgemeinen Aufwärmen der großen Muskelgruppen um das Verletzungsrisiko zu senken und den Körper auf die anstehende Belastung vorzubereiten. Dies geschieht am Besten auf dem Laufband, dem Ergometer oder dem Stepper, über den Zeitraum von mindestens 5 bis maximal 10 Minuten.

Die erste gerätgestützte Übung wird an der Beinpresse sitzend durchgeführt. Meine Person startet in einem 90° Winkel der Beine und streckt diese dann aus. Die Knie gehen beim Endpunkt der Übung nie in die volle Streckung. Rücken und Gesäß haben dauerhaft Kontakt mit dem Polster und es wird kein Hohlkreuz o.Ä. gebildet. Meine Person schafft 20 Wiederholungen mit 60 Kg, dann mit 65 Kg und zuletzt sogar mit 70 Kg. Das Ergebnis für die erste Übung sind somit 70 Kg.

Die zweite gerätegestütze Übung erfolgt am sitzenden Beinbeuger. Wichtig bei der Ausführung der Übung ist der ständige Kontakt von Rücken und Gesäß zum Polster. Vor dem ersten Satz wird das Oberschenkelpolster so fixiert, dass es angenehm auf den Oberschenkeln aufliegt, aber nicht abdrückt. Beim 1. Satz schafft meine Person 20 Kg auf erneut 20 Wiederholungen. Im 2. und 3. Testsatz kann das Gewicht jeweils um 2,5 Kg gesteigert werden, was das Ergebnis von 25 Kg hervorbringt.

Die dritte gerätegestütze Testung wird am Ruderzug absolviert. Meine Person achtet darauf, dass ihre Schulter bei der gesamten Ausführung neutral bleiben, die Brust Kontakt zum Polster hat und am Endpunkt die Schulterblätter zusammengezogen werden. Den 1. Testsatz beginnen wir mit 12,5 Kg, beim 2. Satz erhöhen wir auf 15 Kg und beim letzten Satz ist keine Steigerung des Gewichts möglich, weshalb wir uns als Ergebnis auf 15kg festlegen.

Die vierte Übung ist der Latzug am Kabelzug vertikal zur Brust. Hierbei achten wir darauf, dass die Ellenbogen meiner Person sich nach unten bewegen und nicht hinter den Körper. Der erste Testsatz erfolgt mit 20 Kg, dann können wir jeweils noch mit 5 Kg Steiger, was ein Testendergebnis von 30 Kg ergibt.

Die fünfte Übung unserer Krafttestung findet gerätegestütze an der Beinadduktionsmaschine statt. Hierbei achten wir darauf, dass der Oberkörper gerade und der Kopf in Verlängerung zur Wirbelsäule ist. Die Oberschenkel werden parallel zum Boden platziert, dabei befinden sich die Polster an der Innenseite der Oberschenkel. Nun drückt man die Beine gegen die Polster zusammen und führt sie langsam wieder auseinander. Im 1. Satz schafft meine Person 27,5 Kg. In Testsatz 2 und 3 belassen wir es bei einer einmaligen 2,5 Kg - schweren Steigerung, wobei wir zu einem Ergebnis von 30 Kg kommen.

Die sechste gerätegestütze Übung wird an einer Standard Rückenstreckermaschine durchgeführt. Das Polster ist auf Schulterblatthöhe eingestellt und bei der Ausführung ist darauf zu achten, dass meine Person einen geraden Rücken macht und den Oberkörper so weit nach hinten senkt, bis sich Beine und Oberkörper in einem rechten Winkel befinden. Die Arme sind idealerweise vor der Brust verschränkt. Im Anschluss kehrt man mit dem Oberkörper in die Ausgangsposition zurück. Im 1. Satz erfolgen die 20 Wiederholungen mit 17,5 Kg, dann schafft meine Person noch die Steigerung auf 20 Kg, was wir letztendlich auch als Ergebnis festlegen.

Die vorletzte Übung erfolgt an der Trizepsmaschine. Bevor wir starten, stellen wir das Beinpolster passend ein, dass es angenehm auf dem Oberschenkel aufliegt und halt gibt. Beim Trizepsdrücken drückt meine Person beide Unterarme nach unten, bis sich diese ungefähr waagerecht über dem Boden befinden. Dann kehrt man wider in die Ausgangsposition zurück. Beim ersten Satz schafft meine Person 10 Kg, beim 2. 12,5 Kg und im 3. Durchgang legen wir ein Ergebnis von 15 Kg fest.

Die Krafttestung endete mit der letzten Übung, dem Seitheben am Kabelzug. Meine Person stellt sich hierbei unmittelbar neben den Kabelzug und greift mit der gegenüberliegenden Hand, die weiter vom Kabelzug entfernt ist. Der Arm wird hierbei vom Körper weggehoben. Der Arm sollte fast, aber nicht vollständig durchgestreckt sein, bis auf maximal Schulterhöhe. Danach senkt man Arm wieder in die Ausgangsposition. Den 1. Testsatz absolviert meine Person mit 7,5 Kg, Nummer 2 und 3 bleiben bei 10 Kg, da keine Steigerung mehr möglich war. Somit legen wir ein Ergebnis von 10 Kg fest.

Tabelle 4: Mehrwiederholungskrafttest meiner Person (eigene Darstellung)

Übungen	Wdh.	1.Testsatz (in Kg)	2.Testsatz (in Kg)	3.Testsatz (in Kg)	Ergebnis (in Kg)
Beinpresse horizontal (sitzend)	20	60	65	70	70
Beinbeuger (sitzend)	20	20	22,5	25	25
Ruderzug	20	12,5	15	15	15
Latzug vertikal zur Brust (am Seilzug)	20	20	25	30	30
Beinadduktionsnmaschine	20	27,5	30	30	30
Rückenstrecker	20	17,5	20	20	20
Trizepsdrücken	20	10	12,5	15	15
Seitheben am Seilzug	20	7,5	10	10	10

Tabelle 5: Endergebnisse des Mehrfachwiederholungskrafttest (eigene Darstellung)

Übungen	Ergebnis (in Kg)	Wdh.	50% (in Kg)	60% (in Kg)	70% (in Kg)
Beinpresse	70	20	35	42	49
Beinbeuger	25	20	12,5	15	17,5
Ruderzug	15	20	7,5	9	10,5
Latzug vertikal zur Brust (am Seilzug)	30	20	15	18	21
Beinadduktionsnmaschine	30	20	15	18	21
Rückenstrecker	20	20	10	12	14
Trizepsdrücken	15	20	7,5	9	10,5
Seitheben am Seilzug	10	20	5	6	7

1.2.2   Schlussfolgerung

Durch die Krafttestung können wir nun die passende Belastungsintensität bestimmen und haben einen gewissen Spielraum, in Bezug auf das Trainingsgewicht und die Wiederholungsanzahl pro Satz. Das Gewicht kann ausgehend von der Krafttestung, je nach Belastungsempfinden, leichter oder schwerer eingestellt werden. Ebenso haben wir die Möglichkeit die Wiederholungszahl bei zu niedrigem Belastungsempfinden zu erhöhen, da die Krafttestung sich auf 20 Wiederholungen beschränkte. Wie wir aber bereits wissen, trainiert man mit bis zu 30 Wiederholungen immernoch im Kraftausdauerbereich. Bei der Abänderung des Belastungsumfags (Wdh./Serie) und der Belastungsintensität, sollte man nicht vergessen, ebenfalls die Belastungsdichte (Pausenlänge) anzupassen.

Ebenso haben wir eine gewisse Verletzungsprävention geschaffen, da das Trainingsgewicht dem derzeitigen Leitsungsniveau meiner Person entspricht. Meine Person ist zudem minimal stärker was die Beinmuskulatur betrifft, weshalb wir ausgehend von der Zielsetzung, den Oberkörper zu stärken, den Fokus auf Oberkörper Übungen im Trainingsplan legen. Dabei beachten wir bei den ausgewählten Oberkörper Übungen, dass die Belastungsintensität anfangs eher gering gehalten wird, da die Kontraindikation Schmerzen im Lendenwirbelsäulenbereich vorliegt.

2   Zielsetzung/Prognose

Nun legen wir die kraftspezifischen Trainingsziele meiner Person fest. Das Training soll im Kraftausdauerbereich liegen, um die Verbesserung der allgemeinen Fitness , Fettabbau und mäßiger Muskelaufbau im OK-Bereich, zu erzielen. Dabei fokussieren wir uns im Krfataisaduerbereich auf eine Beanspruchungsintensität von 50 bis 70 %, ausgehend von der Maximalkraft. Im Muskelaufbaubereich, ist die Intensität mit 60-85% höher gewählt. Es wird im Kraftausdauerbereich trainiert um Anfangs vor allem die allgemeine Fitness, die als Ziel genannt wurde, voran zu bringen. Schwerpunkt des Trainingsplans wird nach wie vor die Kräftigung der gesamten Rückenmuskulatur sein, um die Schmerzen im Lendenwirbelsäulenbereich zu lindern. Nach Güllich und Schmidtbleicher (1999, S. 226) müssen Trainingsintensitäten im Krafttraining mindestens 50 % der individuellen Maximalkraft betragen, um überhaupt nennenswerte Effekte auszulösen. Unter dieser Schwelle scheinen Krafttrainingsintensitäten im Hinblick auf Muskelaufbauprozesse unwirksame Trainingsreize darzustellen. Weshalb ich darauf geachtet habe, dass das

Trainingsgewicht resultierend durch die Krafttestung so gewählt wird, dass diese positiven Effekte bei meiner Person auch zum tragen kommen.

2.1 Ziele des Trainingsplans

Tabelle 6: Zielsetzung meiner Person (eigene Darstellung)

Zielsetzung	Ziel 1	Ziel 2	Ziel 3
Inhalt	Rückenschmerzen im LWS-Bereich lindern	BMI reduzieren / Körperfett verlieren	Muskelmasse aufbauen
Ausmaß	Langfristig weniger bis keine schmerzen im LWS-Bereich	Von 24,5 auf 23 (von aktuell 65 auf 61 Kg)	2 Kg
Zeitraum	3 Monate	4 Monate	3 Monate

Begründung der Ziele:

Ziel 1: Im Vodergrund der Trainingsplanung steht das lindern der Schmerzen im Lendenwirbelsäulenbereich. Dies sollte für meine Person nach 3 Monaten spürbar sein. Dadurch dass das lange Sitzen im Arbeitsalltag unvermeidbar ist, muss ein sportlicher Ausgleich für eine Verbesserung sorgen. Wichtig ist hierbei vor allem langfristig eine Prävention für einen Bandscheibenvorfall o.Ä. zu schaffen und die allgemeine Körperhaltung zu verbessern.

Ziel 2: Ein zweitrangiges Ziel meiner Person ist die Senkung des BMI`s, um langfristig einen BMI von 23 zu erreichen. Da der BMI die 2 Biometrischen Parameter Körpergröße und Körpergewicht miteinander vergleicht, muss meine Person dafür 4 Kg Körpergewicht verlieren, um den gewünschten BMI zu erreichen. Das Ziel soll innerhalb von 4 Monaten erreicht werden, dabei sollte vor allem das Körperfett reduziert werden, da ein weiteres Ziel der Aufbau von Muskelmasse ist.

Ziel 3: Ein letztes Ziel ist der Aufbau von Muskelmasse, primär im OK-Bereich. 2 Kg in 3 Monaten sind vorhergesehen und damit würden auch weitere positive Effekte eintreten, da durch einen höheren Muskelmasseanteil eine gewisse Verletzungsprävention geschaffen wird. Außerdem werden die bestehenden Rückenschmerzen gelindert und die Körperform durch mehr Muskelmasse definierter, was wiederum das körperliche Wohlbefinden steigert.

3   Trainingsplanung Makrozyklus

Tabelle 7: Makrozyklusdarstellung

Trainingsbeginner	Mesozyklus 1	Mesozyklus 2	Mesozyklus 3	Mesozyklus 4
Mesozyklusdauer	8 Wochen	6 Wochen	8 Wochen	6 Wochen
Trainingsziel	Kraftausdauer	Muskelaufbau (Extensiv)	Kraftausdauer	Muskelaufbau (Intensiv)
Trainingseinheiten / Woche	3	2-3	3	2-3
Organisationsform	GK/Circuit	GK/Station	GK/Circuit	GK/Station
Übungen / Muskelgruppe	1-2	1-2	1-2	1-2
Sätze / Übungen	3	3	3	3
Satzpausen	30 – 60 sek.	60 – 90 sek.	30 bis 60 sek.	60 – 90 sek.
Wiederholungsanzahl	20	12	20	8
Intensität	50 - 70 %	60 – 85 %	50-70%	60 – 85 %
Bewegungstempo	2 – 0 – 2	3 – 0 - 1	2 – 0 – 2	3 – 0 – 1

3.1 Begründung zum Makrozyklus

3.1.1   Begründung der übergeordneten Trainingsmethode

Meine Trainingsmethode im Kraftausdauerbereich zu trainieren, lässt sich hinsichtlich der Ziele meiner Person begründen. Da der Muskelaufbau zwar ein Ziel ist, vorrangig aber der Verlust von Körperfett und die Verbesserung der allgemeinen Fitness, habe ich mich vor allem auf ein Kraftausdauertraining fokussiert. Durch das Kraftausdauertraining werden vorhandene Muskeln vergrößert. Es werden jedoch keine neuen Muskelfasern erzeugt. Da meine Person aber außerdem das Ziel des Muskelaufbaus verfolgt, haben wir in Mesozyklus 2 und 4 jeweils ein Muskelaufbautraining miteingebracht um ein umfangorientiertes Krafttraining zu erreichen. Außerdem besitzt meine Person kaum Leistungseinschränkungen aus orthopädischer oder internistischer Sicht. Somit liegen lediglich die regelmäßig wahrgenommen Schmerzen im Lendenwirbelsäulenbereich vor, die dahingehend berücksichtigt werden. In dem gesamten Trainingsplan sind Rumpfrotationen ausgeschlossen und auch gewisse Übungen, die sich bei zu hohem Trainingsgewicht im LWS-Bereich bemerkbar machen, mit eher niedriger Intensität angegeben. Gerade für Beginner ist ein Kraftausdauertraining sinnvoll, da sich das Herz-

Kreislauf-System und der Stoffwechsel an die Belastungen gewöhnen, der passive Bewegungsapparat gekräftigt und die anaerobe Energiebereitstellung verbessert wird (Schmidtbleicher, 1994, S. 170 – 173). Im Kraftausdauertraining wird eine möglichst weitgehend sauerstoffunabhängige Beanspruchung der Energiebereitstellungsprozesse angestreb (S. 232), weshalb eine Kraftausdauertraining als ersten Mesozyklus den idealen Einstieg für meine Person darstellt. Im Fitness- und Gesundheitsorientierten Training wird oft die Verbesserung verschiedener Kraftfähigkeiten beabsichtigt, weshalb sogenannte „Mischmethoden" mehrere Effekte mit einer Trainingsmethode erzielen wollen. Im 2. Mesozyklus folgt deshalb ein extensives Muskelaufbautraining um das Ziel des Muskelzuwachses ebenfalls zu berücksichtigen. Langfristig können nur die LWS Beschwerden gelindert und die Rückenmuskulatur aufgebaut werden, wenn auch ein solcher Trainingsreiz erfolgt. Im 3. Mesozyklus erfolgt erneut ein Kraftausdauertraining, um in der letzten Instanz des Makrozyklus, meine Person auf das intensive Muskelaufbautraining und die damit verbundene, höhere Intensität, vorzubereiten. Die Kraftausdauerzyklen (1 & 3) sind mit einem zeitlichen Umfang von 8 Wochen angegeben, die Muskelaufbauzyklen (2 & 4) auf 6 Wochen beschränkt.

3.1.2   Begründung der Belastungsparameter

Für meine Person sind 3 Kraftausdauereinheiten pro Woche festgelegt, was dem zeitlichen angegebenen Verfügungsrahmen entspricht. Beim Muskelaufbautraining habe ich 2-3 Einheiten pro Woche anvisiert, da dies nicht das primäre Trainingsziel ist und meine Person somit noch zeitlichen Spielraum besitzt. In Mesozyklus 1,2, 3 und 4 erfolgen 1-2 Übungen pro Muskelgruppe. Außerdem habe ich mich für den gesamten Makrozyklus über, für 3 Sätze pro Übung entschieden, lediglich die Wiederholungsanzahl, das Trainingsgewicht, sowie das Bewegungstempo unterscheiden sich hier nach der jeweiligen Trainingsmethode. Die Intensität ist im Kraftausdauertraining mit 50-70 % ausgehenden von der maximalen Kraft der Krafttestung, bestimmt worden. Im Muskelaufbaubereich wird mit einer prozentual höheren Intensität, 60-85 % trainiert, damit der Reiz zur Erhöhung der Muskelmasse (Hypertrophietraining) gesichert ist. Im Kraftausdauerbereich hingegen, haben wir eine mäßige bis hohe Wiederholungsanzahl (empfohlen sind 20-40) bei eher geringem Trainingsgewichtgewicht (Güllich &Schmidtbleicher, S.232).

3.1.3 Begründung der Organisationsform

Bei der Organisationsform des Mesozyklus 1 & 3 (Kraftausdauertraining) habe ich mich für ein Ganzkörpertraining (GK) entschieden. Zum einen aufgrund der Leistungsstufe meiner Person (Beginner), zum anderen wegen des zeitlichen Verfügungsrahmens. Für einen Beginner mit einem zeitlichen Verfügungsrahmen von 2-3 Trainingseinheiten pro Woche, macht ein Splittrainig absolut keinen Sinn. Da würde die Trainingshäufigkeit zu Beginn stark überfordern und der Körper sollte sich erst einmal an die neue, sportliche Belastung gewöhnen. Ich hab zudem ein Circuit (Kreistraining) als sinnvoll erachtet, da dies zeitsparender als das Stationstraining ist, in Anbetracht der hohen Wiederholungsanzahl. Im 2. & 4. Mesozyklus (Muskelaufbautraining) habe ich ebenso die Organisationsform des Ganzkörpertraining gewählt und den zeitlichen Spielraum, je nach Belastungsempfinden auf optional 2 oder 3 Trainingseinheiten pro Woche festgelegt. Hier wird meine Person ihre Übungen im Stationstraining ausführen um bei den direkt aufeinander folgenden Sätzen, ein größeres Muskelversagen zu erlangen und somit das Ziel, des Muskelzuwachses auch zu erreichen.

3.1.4 Begründung der Periodiserung

Die Periodiserung ist so gewählt, dass sich meine Preson zunächst auf die allgemeine Belastung durch ein Kraftausdauertraining über 8 Wochen lang gewöhnt. Darauf folgt der 6-wöchige Mesozyklus Muskelaufbau extensiv, wobei die Intention eine weniger intensive und langsamere Belastungsphase ist. Als 3. Mesozyklus folgt erneut ein Kraftausdauertraing um meine Person dahingehend auf den letzten und 4. Mesozyklus vorzubereiten; den intensiven Muskelaufbau. Hierbei ist die Belastung stärker als beim extensiven Muskelaufbau und das Ziel des Muskelzuwachses wird anvisiert.

4 Trainingsplanung Mesozyklus

4.1 Mesozyklusplanung

Tabelle 8: Mesozyklus 2 (eigene Darstellung)

	Woche 1	Woche 2	Woche 3	Woche 4	Woche 5	Woche 6
Trainingsziel:	Muskel-aufbau	Muskel-aufbau	Muskel-aufbau	Muskel-aufbau	Muskel-aufbau	Muskel-aufbau
Einheiten / Woche:	2-3	2-3	2-3	2-3	2-3	2-3
Organisationsform:	GK	GK	GK	GK	GK	GK
Übungen / Muskelgruppe:	1-2	1-2	1-2	1-2	1-2	1-2
Sätze/Übungen:	3	3	3	3	3	3
Satzpausen (in sek.):	60 – 90	60 – 90	60 – 90	60 – 90	60 - 90	60 – 90
Wiederholungsan-zahl:	12	12	12	12	12	12
Intensität:	60 – 85%	60 – 85%	60 – 85 %	60 – 85%	60 – 85%	60 -85 %
Bewegungstempo:	3 – 0 – 1	3 – 0 – 1	3 – 0 – 1	3 – 0 – 1	3 – 0 – 1	3 – 0 – 1

Tabelle 9: Darstellung aller Krafttainingsübungen (eigene Darstellung)

Übungen	Wdh.:	Intensität Woche 1 60% (X-RM)	Intensität Woche 2 65% (X-RM)	Intensität Woche 3 70% (X-RM)	Intensität Woche 4 75% (X-RM)	Intensität Woche 5 80% (X-RM)	Intensität Woche 6 85% (X-RM)
Beinpresse horizontal (sitzend)	12	42 Kg	45,5 Kg	49 Kg	52,5 Kg	56 Kg	59,5 Kg
Beinbeuger (sitzend)	12	15 Kg	16,25 Kg	17,5 Kg	18,75 Kg	20 Kg	21,25 Kg
Ruderzug	12	9 Kg	9,75 kg	10,5 Kg	11,25 kg	12 Kg	12,75 Kg
Latzug vertikal zur Brust	12	18 Kg	19,5 Kg	21Kg	22,5 Kg	24 Kg	25,5 Kg
Beinadduktion smaschine	12	18 Kg	19,5 Kg	21 Kg	22,5 Kg	24 Kg	25,5 Kg
Rückenstreck-ermaschine	12	12 Kg	13 Kg	14 Kg	15 Kg	16 Kg	17 Kg
Trizeps-drücken	12	9 Kg	9,75 Kg	10,5 Kg	11,25 Kg	12 Kg	12,75 Kg
Seitheben am Kabelzug	12	6 Kg	6,5 Kg	7 Kg	7,5 Kg	8 Kg	8,5 Kg

4.2 Begründung zum Mesozyklus

Bei meinem Mesozyklus findet man überwiegend das Konzept des maschinengestützen Trainings vor, da dies für Beginner ideal ist. Es wird nicht empfohlen, nur freie Übungen zu Beginn auszuführen, vor allem wenn wenig bis keine Erfahrung im Krafttraining besteht. Die Verletzungsgefahr ist bei maschinengestützem Training generell niedriger und das Risiko, die Übung falsch auszuführen ebenso. Hinzu kommt, dass es schneller und einfacher erlernbar ist. Ergänzenden wurden 2 freiere Übungen am Kabelzug hinzugefügt, um die intramuskuläre Koordination zu schulen. Der Körper lernt sich zusätzlich zu stabilisieren, was der gesamten Rumpfmuskulatur zu Gute kommt. Der Schwerpunkt des Trainingsplans liegt vor allem auf der Sträkung der gesamten Rückenmuskulatur, da Schmerzen im LWS-Bereich bestehen. Ebenso soll die Beinmuskulatur weiterhin gestärkt werden. Rumpfrotationen sind in diesem Trainingsplan bewusst weg gelassen worden, um keine Verschlimmerung der akuten LWS-Schmerzen zu begünstigen. Vorerst ist das Ziel der Stärkung, der allgemeinen Rücckenmuskulatur, dann sollte aber auf Dauer, nach Ende dieses Trainingsplans, weitere Übungen für die Bauchmuskulatur integriert werden. Denn so beugen wir langfristig eine muskuläre Dysbalance vor, da die Gegenspieler der jeweiligen Muskulatur nicht vernachlässigt werden sollten. Eine starke Rumpf- und Bauchmuskulatur entlastet ebenfalls den unteren Rücken.

Da Isolationsübungen wie z.B. das Trizepsdrücken, eingelenkig ausgeführt werden, ist es wichtig auf Dauer auch komplexere, mehrgelenkigere Übungen in den Trainingsplan zu integrieren. Nichtsdestotrotz ist der Vorteil der eingelenkigen Übungen, die Chance Schwachstellen gezielt auszugleichen. Außerdem bieten Isolationsübungen generell eine leichte Übungsausführung und weisen eine niedrigere Verletzungsgefahr auf. Der Nachteil weniger funktionaler Übungen ist, der Nutzen in gewissen Alltagsbewegungen. Außerdem ist es sehr zeitintensiv alle Muskeln mit Isolationsübungen zu trainieren, weshalb ich mich für eine Mischform in meinem Trainingsplan entschieden habe um die positiven Effekte beider Übungsvarianten (eingelenkig und mehrgelenkig) mitzunehmen. Außerdem ist der Trainingsplan auf diese Art und Weise vielfältiger gestaltet, was gerade für Beginner das Training abwechslungsreicher macht.

4.3 Begründung der Krafttrainingsübungen

Beinpresse horizontal sitzend: Bei der horizontalen Beinpresse wird einer der größten Muskeln, der Gesäßmuskel trainiert. Außerdem wird die Oberschenkelmuskulatur beansprucht was die Beinpresse zu einer idealen Krafttrainingsübungen für den gesamten Unterkörper macht (Kinalzyk, 2020, S.3). Diese Muskelgruppe ist bei unzähligen Bewegungen im Alltag beansprucht und somit unerlässlich, zu trainieren.

Beinbeuger sitzend: Beim Beinbeuger wird vor allem der zweiköpfige Muskel des Oberschenkels aber auch der Halbsehnen- und Plattensehnenmuskel trainiert (Kinalzyk, 2020, S.4) Ich habe bewusst den sitzenden Beinbeuger integriert und nicht die liegende Krfattrainingsmaschine, da diese sich schnell im unteren Rücken (LWS Bereich) bermerkbar machen kann und meine Person durch ihre LWS schmerzen bereits vorbelastet ist.

Ruderzugmaschine: Der Hauptmuskel der beim Rudern beansprucht wird, ist der großflächige Latissimus (M. Latissimus dorsi). Nebenzielmuskeln sind der Trapezmuskel und der Schultermuskel (Deltamuskel), (Kinalzyk, 2020, S.15). Beim Rudern wird fast deine gesamte Rückemuskulatur gestärkt und deine Haltung verbessert sich dauerhaft. Außerdem ist sie sehr effektiv, wenn man den gesamten Rücken stärken möchten, da viele Muskelgruppen beansprucht werden.

Latzug vertikal zur Brust am Seilzug (auf dem Pezziball): Ich habe diese Form des Latzugs gewählt, da auf dem Peziball zusätzlich die Balance und Rumpfstabilität meiner Person geschult wird. Durch die Turnvergangenheit, ist eine gewisse Grundbalance vorhanden, weshalb ihr diese Übung zumutbar ist. Außerdem besteht schon etwas Erfahrung im Krafttaining (vgl. Tabelle 1) Die beanspruchte Muskulatur ist erneut der Latissimus (M. Latissimus dorsi) aber auch der Kapuzen- und Rautenmuskel (Kinalzyk, 2020, S.16). Der Latzug gehört zu den Grundübungen im Kraftsport und ist ebenfalls unerlässlich für den Aufbau der Rückenmuskulatur.

Beinadduktionsmaschine: Bei der Adduktionsmaschine wird die Oberschenkelinnenseite, also die Adduktoren gestärkt (M. Adductor) (Kinalzyk, 2020, S.10). Ich hab mich bewusst für die Adduktionsmaschine entschieden, da bei der Abduktion schnell ein Hohlkreuz gemacht wird und sich dies auf den bereits kritischen LWS-Bereich auswirken würde. Somit gehen wir kein Riskio ein und stärken vor erst die Adduktoren.

Rückenstreckermaschine: Bei dieser Übung wird der Rückenstrecker trainiert. Der Rückenstrecker sollte bei LWS Beschwerden trainiert werden, allerdings sollte hierbei auf ein nicht zu hohes Trainingsgewicht geachtet werden, dass der untere Rücken nicht zu stark belastet wird.Der Rückenstrecker stabilisiert in Zusammenarbeit mit den Bauchmuskeln die Wirbelsäule bei allen Alltagsbewegungen und sorgt für eine gerade Haltung (Kinalzyk, 2020, S.13).

Trizepsdrücken: Beim Trizepsdrücken werden vor allem die drei Köpfe des Trizeps beansprucht (Kinalzyk, 2020, S.19) Ich habe diese Übung integriert um ein ganzheitliches Oberkörpertraing zu gewährleisten und so viele Muskelgruppen wie möglich, in den Trainingsplan zu vereinen.

Seitheben am Seilzug: Bei der letzten Übung, dem Seitheben am Seilzug, wird vorrangig der seitliche Bereich des Deltamuskels trainiert (Kinalzyk, 2020, S.17). Es ist aber auch der vordere und hintere Teil des Deltamuskels beteiligt. Ich lasse meine Person diese Übung am Seilzug ausführen, da sie hier ihre gesamte Rumpfmuskulatur anspannen muss. Außerdem macht sie sich nun mit dieser Übung mit dem Seilzug vertraut und kann dann in späteren Trainingsplänen, komplett frei, im Kurzhantekbereich trainieren.

5 Literaturrecherche „Effekte des Krafttrainings bei Fettstoffwechselstörung"

5.1 Primärstudie 1

Tabelle 10: Primästudie 1

Studie 1	„Widerstandstraining verbessert Hyperglykämie und Dyslipidämie, die bei älteren, nicht-diabetischen und chronisch behinderten Schlaganfallpatienten weit verbreitet ist"
Wer hat die Studie durchgeführt?	Jingjing Zou, Zun Wang, Qingming Qu und Lei Wang
Publikationsjahr	2015
Welche Forschungsfragen wurden untersucht?	Es sollte die Wirkung eines 8-wöchigen Krafttrainings (3/Woche) für den Unterkörper und deren Auswirkung auf Hyperglykämie und Dyslipidämie untersucht werden. Da dies bei älteren, nicht diabetischen und chronisch behinderten Schlaganfallpatienten vorherrschend sein kann.
Mit welchen Versuchspersonen wurden die Studien durchgeführt?	Nicht-ältere, nicht diabetische, chronisch behinderte Schlaganfall-Probanden.
Wie sah der Versuchsaufbau der Studien aus?	Es war eine randomisierte, kontrollierte Studie. Die Probanden wurden (N = 56) nach dem Zufallsprinzip einer Versuchsgruppe (n = 28) und einer Kontrollgruppe (n = 28) zugeteilt. Die Probanden der Versuchsgruppe hatte die UK Übungen 8 Wochenlang, 3 mal die Woche durchgeführt. Die Kontrollgruppe erhielt dauerangepasste Dehnübungen.
Welche relevanten Ergebnisse und Schlussfolgerungen lieferten die Studien?	Vor der Intervention hatten 34 Probanden nachweislich (60,7 %) eine Hyperglykämie und 38 (67,9 %) eine Dyslipidämie. Nur 51 Probanden beendeten die Studie. Die Probanden in der Versuchsgruppe (n=26) zeigten signifikante Verbesserungen des Nüchtern-Insulins und des 2-Stunden-Blutzuckerspiegels (Gesamtcholesterin-, HDL-Cholesterin- und LDL-Cholesterinspiegel), eine Verbesserung der Muskelkraft im Vergleich zu den Kontrollpersonen (n=25) trat außerdem ein. Krafttraining kann somit eine bedeutenden Einfluss bei der Verbesserung von Hyperglykämie und Dyslipidämie spielen.

5.2 Primärstudie 2

Tabelle 11: Primärstudie 2

Studie 2	„Begleitendes Bewegungstraining zu Hyperglykämie und damit verbundenen Komorbiditäten"
Wer hat die Studie durchgeführt?	Cristian Alvarez, Rodrigo Ramirez-Campillo, Alejandro Lucia, Robinsom Ramirez-Velez und Mikel Izquierdo
Publikationsjahr	2019
Welche Forschungsfragen wurden untersucht?	Untersuchte wurde die Auswirkungen einer 20-wöchigen, gleichzeitigen Trainingsintervention (Widerstands und Ausdauertraining) auf kardiovaskuläre Risikofaktoren wie Körperzusammensetzung, Blutdruck und Lipidprofil, bei erwachsenen Frauen mit Hyperglykämie.
Mit welchen Versuchspersonen wurden die Studien durchgeführt?	Körperlich inaktive, übergewichtige/fettleibige und hyperglykämische erwachsene Frauen
Wie sah der Versuchsaufbau der Studien aus?	Die Frauen wurden nach dem Zufallsprinzip einer Interventionsgruppe und einer Kontrollgruppe (ohne Bewegung) zugeteilt (n = 14/Gruppe). Gewisse Kardiovaskuläre Risikofaktoren für Körperzusammensetzungen (Körpermasse, Taillenumfang, Fettmasse und Magermasse), Blutdruck und Lipidprofil (Gesamt-, LDL-Cholesterin und HDL-Cholesterin, Triglyceride und Nüchternglukose) wurden vor und nach der Studie bewertet.
Welche relevanten Ergebnisse und Schlussfolgerungen lieferten die Studien?	Ein CT-Eingriff bei den Frauen mit Hyperglykämie führt zu einer Verringerung der Komorbiditäten in Bezug auf abdominale Adipositas und kardiovaskuläres Risiko, indem sich das Lipidprofil zum „Mittelwert" hin, verbessert hatte. Auf individueller Ebene wurde die Senkung von einem „hohen" zu einem „niedrigen" kardiovaskulären Risiko festgestellt. Andere wechselten von Hypercholesterinämie/Dyslipidämie zu Normocholesterinämie. Insgesamt gab es ~30 %, 50 % und 20 % der Personen in der CT-Übungsgruppe, die nach der 20-wöchigen Intervention keine Veränderung für Körperzusammensetzung, Blutdruck bzw. Lipidprofil zeigten.

6 Literatur- und Tabellenverzeichnis

6.1 Literaturverzeichnis

Böttger, Katja (2021). Makrozyklus und Mesozyklus für Kraftausdauer. Erstellung eines Trainingsplans. München: GRIN Verlag. Verfügbar unter: https://www.grin.com/document/1145709

Elsevier (2015). Resistance training improves hyperglycemia and dyslipidemia, highly prevalent among nonelderly, nondiabetic, chronically disabled stroke patient. Zugriff am 10.03.2023. Verfügbar unter https://pubmed.ncbi.nlm.nih.gov/25827654/

Fröhlich, M. & Marschall, F. (1999). Testing the correlation between maximal strenght andere repetition maximum for deduced lower levels of intensity. Deutsche Zeitschrift für Sportmedizin, S.311.

Güllich, A. & Schmidtbleicher D. (1999). Struktur der Kraftfähigkeiten und ihrer Trainingsmethoden. Deutsche Zeitschrift für Sportmedizin, Jahrgang 50, Nr. 7+8, Seite 232 – 233.

Kinalzyk, T. (2020). Muskelkatalog. Zugriff am 14.03.2023. Verfügbar unter https://kaf-akademie.de/wp-content/uploads/2021/03/KAF_Muskelkatalog_V6.pdf

Mancia G, Fagard R, Narkiewicz K, Redon J, Zanchetti A, Bohm M et al. (2013) ESH/ESC Guidelines for the management of arterial hypertension: the Task Force for the management of arterial hypertension of the European Society of Hypertension (ESH) and of the European Society of Cardiology (ESC). J Hypertension, 31(7):1286

Pauls, J. (2014). Das große Buch vom Krafttraining. (2., überarbeitete Neuaufl.). München: Stiebner.

Schmidtbleicher, D. (1989): Zum Problem der Definition des Begriffs Kraftausdauer. In: K. Carl, S. Starischka & H.-M. Storck (Hrsg.): Kraftausdauertraining S. 10-30.

Strack, A. & Eifler, C. (2005). The individual lifting performance method (ILP) - a practical method for fitness- and recreational strength training. In J. Gießing, M. Fröhlich & P. Preuss (eds.), Current Results of Strength Training Research (pp. 153-163). Göttingen: Cuvillier.

Wiley J. (2019). & Sons Ltd. Concurrent exercise training on hyperglycemia and comorbidities associated: Non-responders using clinical cutoff points. Zugriff am 13.03.2023. Verfügbar unter https://pubmed.ncbi.nlm.nih.gov/30825342/

6.2 Tabellenverzeichnis